PILARES
(Poemas en prosa)

Pavol Strauss

STRAUSS, Pavol, *Pilares (Poemas en prosa)*, Traducción: Adriana Lastičová. Prólogo Antonio Barnés. Estudio introductorio, Ján Gallik. Epílogo, Tibor Žilka, Ideas y Libros ediciones, Madrid, 2025, 182 pp. 16 X 16 cm. Título original: Stĺpy (Básne v próze). Pilíre. Lengua original: Eslovaco. Edición técnica al cuidado de Germán Rueda Diseño de cubierta: Grafismo Y

Traducción: Adriana Lastičová (incluyendo también la traducción del estudio introductorio, epílogo y los pie de fotos).

Material fotográfico usado en este libro se debe a amabilidad de la familia Strauss y de la Asociación de amigos del Dr. Pavol Strauss. Agradecimientos también a D. Jozef Šišila.

Papel: ISBN - 978-84-17892-91-3 EAN: 9788417892913

Digital: ISBN - 978-84-17892-92-0 EAN: 9788417892920

Depósito legal: M-696-2025

Ideasylibros.ed@gmail.com

https://ideasylibrosediciones.blogspot.com/

VENTA

PAPEL: Los canales habituales en España y el resto del mundo. Además:

En América y Europa (incluida España): https://grupoediciones19.bajodemanda.com/

Argentina * MANDRAKE https://www.mandrakelibros.com.ar * OZONUM Mercado Libre - Argentina https://listado.mercadolibre.com.ar/

Colombia * LEMOINE EDITORES SAS www.librosyeditores.com * BIBLIOSTORE Colombia - Mercado Libre https://listado.mercadolibre.com.co/ * LIBRERIA DE LA U www.libreriadelau.com

Chile *BIBLIOSTORE CHILE - Mercado Libre https://www.mercadolibre.cl/

Ecuador * POWER STORE BOOKS www.powerstorebooks.com * THE BOOKS LINK www.thebookslink.com

Méjico * BIBLIOSTORE México-Mercado Libre https://www.mercadolibre.com.mx/ * LibreríasGANDHI www.gandhi.com.mx/ * Librerías GONWIL www.gonvill.com.mx

Perú * ALEPH IBD (Mercado Libre) https://listado.mercadolibre.com.pe/ * Librería SBS https://www.sbs.com.pe

Uruguay * MERCADOLIBROS.uy (Mercado-Libre-Uruguay) https://mercadolibros.uy/ * PALACIO DEL LIBRO S.A. www.libreriapocho.com.uy

DIGITAL: LA CASA DEL LIBRO (https://www.casadellibro.com/ebooks) y otras plataformas..

España, TAGUS BOOKS http://www.tagusbooks.com/ TODOS TUS LIBROS/ CEGAL www.cegal.es AGAPEA FACTORY www.agapea.com **Canarias.** LIBRO TÉCNICO, Librería http://www.ellibrotecnico.com / UNICORNIO, Librería http://www.unicornioweb.com **Colombia**, LIBRERÍA NACIONAL www.librerianacional.com **Méjico**, LA VENTANA, Libreria https://laventanalibreria.com/ CASA DEL LIBRO, La Casa del Libro México Méjico, EDUCAL, http://www.educal.com.mx/LIBRERÍA DEL SOTANO, SA DE CV www.elsotano.com **Nicaragua**, LITERATO http://www.ebooks-literato.com.ni/

PILARES
(Poemas en prosa)

ÍNDICE

EPÍLOGO: PAVOL STRAUSS, SIERVO DE DIOS

PRÓLOGO
Antonio Barnés

Ján Gallik, profesor de la Universidad Constantino el filósofo, radicada en Nitra (Eslovaquia) vino a Madrid en octubre de 2023 a disertar sobre la poesía de Pavol Strauss y Jan Twardowski en el VII Congreso Internacional Autores en busca de Autor. Una lengua eslava se oyó en el salón de actos de la Facultad de Filología de la Universidad Complutense de Madrid, escenificando ese sueño de San Juan Pablo II de que Europa respirara por sus dos pulmones, el oriental y el occidental.

Ahora, merced al trabajo del mismo profesor Gallik y de la traductora Adriana Lastičová, llegan por primera vez en español los versos de Pavol Strauss. Unos versos simbólicos, esenciales, de frases nominales puras, de metáforas cósmicas y antropológicas en que Dios asoma su rostro. Europa nace de la traducción del griego por parte de los romanos; de la versión del latín y del árabe a las lenguas modernas; del flujo contiguo entre múltiples lenguas pero con un sustrato común judeo-cristiano y grecolatino.

Además de las traducciones, la comunicación de símbolos hermana a los europeos y más aún a todos los seres humanos. El hombre es un ser simbólico, porque es *capax Dei*, capaz de Dios, y Dios es el Símbolo por antonomasia, es decir, el Otro que desvela toda apariencia y se muestra, como decía Dante: divina potestad, suma sabiduría, primer amor.

Los versos esenciales de Strauss no hay que comentarlos, sino leerlos. Alzarán nuestra mirada y nos conducirán a buscar lo que está "arriba", a saborearlo. El lenguaje poético no necesita discursividad. Produce fogonazos, ideas, imágenes en los que sobran los verbos. Pilares del corazón. Soledad. Palabra. Árbol. Montaña. Muerte. Lluvia. Pajarito. Todo, lo animado y lo inanimado. Lo humano, lo animal. El yo. Todo nos dice algo, nos explica algo. No somos una pasión inútil, no somos un ser para la muerte, no estamos aherrojados a una existencia inane. Strauss desgrana: Domingo, Niñez, Música, mañana, Vela, Silencio. Sustantivos elocuentes en su silencio, parlantes en su mudez. Poema, Escalera, Poeta, Arco iris, Viento, Madera, Animal, Noche, Ojos, Nieve, Manos, Roca, Herida, Cuadro, Obras, Santo, Madre, Trabajo, Oración.

La poesía nos saca de la caverna de las apariencias, de la

actividad frenética, de la burocracia. Nos conduce a nuestra vocación inicial de contemplativos, de sabios saboreadores. La editorial *Ideas y Libros* lo sabe. Por eso hace posible este poemario, y lo agradecemos.

ESTUDIO INTRODUCTORIO
Ján Gallik

Jediný kapitál vo svete je možnosť návratu k Bohu.
Pavol Strauss
El único capital en el mundo es la posibilidad de volver a Dios.
Pavol Strauss

Do tohto sveta prázdneho, / uhneteného z cesta a hliny, / prišiel muž, prorok, ktorý neumiera, / ktorý žije síce ako my, / ale je celkom, celkom iný!
Jozef Tóth – úryvok z básne *Posol*, venovaná prorokovi dnešných čias Pavlovi Straussovi.

A este mundo vacío, / amasado de masa y barro, / llegó un hombre, un profeta que no muere, / que vive como nosotros, / ¡pero es muy, muy diferente!
Jozef Tóth - extracto del poema *Posol* (El Mensajero) dedicado al profeta de nuestro tiempo, Paul Strauss.

El eminente pensador, médico y ensayista eslovaco Pavol Strauss (1912 - 1994), a través de su vida y obra, y en los difíciles tiempos de los violentos regímenes del nazismo y del comunismo, mantuvo y realzó la línea cristiana en el espectro del desarrollo cultural centroeuropeo. Y aunque es menos conocido por los lectores como poeta, la poesía sin embargo configuró su existencia artística en muchas dimensiones. Pavol Strauss escribió poemas toda su vida, desde su juventud hasta los ochenta años, y ser poeta era su máxima ambición literaria. Para él, las palabras eran el alma de la poesía y la poesía el alma de la vida. Július Rybák, excelente conocedor de la obra de Strauss, su amigo personal y un gran estudioso de la literatura, también dijo de él que era ante todo un poeta. Todas las demás características afectan sólo a una parte de su personalidad, pero es poeta por su propia esencia y naturaleza. Entre otras cosas, Július Rybák tiene mucho que ver con la selección, recopilación y publicación de los pensamientos y aforismos de Strauss, que se publicaron en 1992 bajo el título *Úsmev nad úsmevom* (Sonrisa sobre sonrisa) con ilustraciones de otro eminente artista eslovaco, el pintor Vincent Hložník.

La literatura eslovaca siempre ha estado fuertemente representada por una poesía estrechamente relacionada con la religiosidad y la espiritualidad. Esto se debe también a que el cristianismo forma parte de los factores inmanentes de la cultura y la identidad eslovacas. Esto no es diferente hoy en día, como muestran las encuestas confesionales, aunque Europa Central ya está experimentando su propia secularización de los valores.

Con su obra, Paul Strauss continúa con la tradición de los autores para los que la fe religiosa era a menudo algo más que una fuente de inspiración. En el contexto literario eslovaco, entre los autores más antiguos podemos citar a Jan Hollý, Richard Osvald, Dlhomír Polski, Tichomír Milkin, Ignác Grebáč Orlov, o los camaradas generacionales de Strauss del Modernismo católico eslovaco[1], al cual el propio Strauss puede ser adscrito también. Durante el comunismo Strauss no pudo publicar oficialmente, así que quedó como poeta casi desconocido para el público eslovaco. Tras la caída del comunismo, la gente pudo conocerlo primero en el espacio mediático a través de un documental televisivo de treinta minutos de la Televisión Eslovaca, realizado en 1993 y emitido en la serie *Profily* (Perfiles). Diez años más tarde, la televisión eslovaca RTVS emitió un nuevo documental de veinte minutos en la serie *Patróni ľudskosti*. La Radio Eslovaca preparó un reportaje radiofónico sobre su vida y obra, *Neznámy známy Pavol Strauss* (2013), y la Radio Católica

---

[1] Movimiento literario que se formó en la década de 1930 y estaba compuesto principalmente por jóvenes autores, en su mayoría sacerdotes católicos, siendo la personalidad emblemática del grupo el franciscano Rudolf Dilong. Su poesía estaba enraizada en valores religiosos y nacionales, y estéticamente estaban muy influidos por las ideas del pensador y teórico católico francés Henri Bremond, especialmente por sus libros *Poesía pura* y *Plegaria y poesía*. Además de Dilong, el modernismo católico incluía a los poetas Pavol Gašparovič Hlbina, Janko Silan y Ján Haranta. Sus seguidores fueron Pavol Ušák Oliva, Gorazd Zvonický, Mikuláš Šprinc, Karol Strmeň, Svetloslav Veigl, Ján Motulko y otros.

Eslovaca Lumen también le dedicó varios programas. Actual-
mente es una asociación, *Spolok priateľov MUDr. Pavla Straussa -
la Asociación de Amigos del Dr. Pavol Strauss*, quien se esfuerza por
dar a conocer su vida y su obra y que publica una o dos veces al
año la revista *Listy Pavla Straussa* (Cartas de Pavol Strauss), parti-
cipa en la publicación de las obras del autor en diversas reedi-
ciones de libros y archiva numerosas fuentes, informaciones y
los documentos televisivos y programas radiofónicos antes
mencionados en su sitio web http://www.pavolstrauss.sk/. Y
uno de los miembros de esta asociación, el profesor emérito
Tibor Žilka, quien conoció a Strauss personalmente, señaló muy
bien en su libro de estudios académicos titulado *Pavol Strauss a
katolícka moderna* (Pavol Strauss y el modernismo católico) de
2014 que algunas traducciones también intentan acercar la obra
de Pavol Strauss al receptor extranjero.

El primer intento de evaluar y promover la obra de Paul
Strauss en un contexto internacional fue una conferencia en la
Facultad de Filosofía de la Universidad Católica Peter Pázmány
de Pilíšská Čaba en Hungría en 1996. Las ponencias de esta
conferencia se han publicado en forma de libro en dos co-
lecciones: una se conoce bajo el título *Duchovnosť ako princíp
tvorby* (La espiritualidad como principio de creación) de 2001; la

otra es menos conocida, ya que se publicó en húngaro y se titula *Író a senki földjén* (Un escritor en tierra de nadie 2002). Sándor Tóth tradujo al húngaro poemas seleccionados de Milan Rúfus y Pavel Strauss, que se publicaron en forma de libro bajo el título *Liptói lantosok* (Cantantes de Liptov, 2005), con un epílogo del profesor Tibor Žilka. En Polonia, su obra es conocida principalmente a través de la óptica de la investigación comparatista de Halina Janaszek-Ivaničková, Bogusław Bakula y Małgorzata Dambek. La obra de Strauss *Tesná brána* (1992) fue traducida al italiano y publicada con el título *Stretta è la porta* en 2013 en Milán en traducción de Enzo Passerini. Y ese mismo año, bajo el título *Die enge Pforte*, una traducción de este mismo libro fue publicada también en alemán por una conocida editorial de Fráncfort (Frankfurter Literaturverlag) con una introducción de Tibor Žilka como pri-mer volumen de una trilogía. Gerhard Weag es en gran parte responsable de la publicación de este libro en alemán, y el libro se presentó en 2013 en la Feria del Libro de Fráncfort, así como en la Feria Internacional del Libro de Viena (Žilka In Gallik, 2014, pp. 5-6). Ahora, gracias a la editorial Ideas y libros, se ofrece también la primera traducción al español.

Si hubiera que buscar la fuente directa de inspiración de

la obra de Pavel Strauss en la literatura universal, el profesor universitario Andrej Červenák afirmó en el documental televisivo *Profily* que cualquiera que desee analizar e interpretar su obra tendrá que reflexionar sobre los «cuatro vastos océanos» con los que estaba conectada la obra de Strauss: la espiritualidad hebrea, la cultura romana, la filosofía germánica y la sensibilidad eslava (eslovaca). El especialista en literatura Július Pašteka, en el prefacio de la obra completa *Slovenské básne* (Poemas eslovacos) de Strauss, señaló que «Strauss no tenía el simbolismo como punto de partida; surgió del expresionismo alemán. Porque empezó como poeta alemán. Publicó sus dos primeros poemarios en alemán en Praga como compañero de Franz Werfel. Le cautivó sobre todo el sutil Rainer Maria Rilke, al principio poeta de sentimiento religioso, más tarde modelo de perfección formal para él. También recibió la influencia de autores checos (Seifert, Nezval, Halas), y del eslovaco Novomeský» (Pašteka In Strauss, 2011, p. 5).

El poeta espiritual eslovaco contemporáneo Teofil Klas (de nombre propio Jozef Zavarský), que tradujo las obras poéticas de Strauss del alemán al eslovaco, escribió en el prefacio de *Poctivý prorok básnik (Z pohľadu jedného z prekladateľov)* al noveno volumen de las obras literarias y de pensamiento completas de Strauss, titulado *Deutsche Gedichte* (2012), que «los poemas escritos en alemán nos aclaran, en una secuencia cronológica, su maduración como hombre de letras y como hombre que busca el sentido de la vida y trabaja tenazmente en su crecimiento interior. Los poemas posteriores, escritos en eslovaco, y la escritura eslovaca de este autor en general, se sitúan ya tras el mencionado arco iris, y en términos de valores, están ya inmediatamente marcados por un camino encontrado hacia un ideal descubierto. Por lo tanto, el conocimiento de la poesía alemana de Strauss tiene una importancia específica para la percepción de toda su obra literaria y para la comprensión de su definitiva inclinación de toda la vida hacia el catolicismo» (Klas In Strauss, 2012, pp. 5-6).

En su monografía *Paradoxy Pavla Straussa* (Las paradojas de Pavel Strauss) de 2006, Mária Bátorová ve en el primer poemario de Strauss, *Die Kanone auf dem Ei* (El Cañón sobre el huevo, 1936), un intento de expresar su actitud ante los procesos históricos mundiales y nacionales (la crisis económica, la Guerra de España, el nacionalsocialismo en Alemania, etc.), porque «adopta como problemas propios y personales también aquellos sobre los que otros sólo escriben o hablan» (Bátorová, 2006, p. 45). Así, en este difícil período, resuena en uno de los poemas que uno es como si «ya no viviera, sólo fuera vivido» (Strauss, 2012, p. 61). La ausencia del bien, que, según el enunciado poético de Strauss, quizá carece de voluntad de ser, es sustituida por el mal, que «dura mucho tiempo, / no envejece, rejuvenece creativamente. / ¿Necesita realmente la tierra / cadáveres como abono?». (Ibíd., p. 119). El segundo poemario, *Schwarze Verse* (Versos negros, 1937), está fuertemente impregnado del motivo del dolor y la muerte. Sólo en la tercera colección, *Worte aus der Nacht* (Palabras de la noche; manuscrito escrito en 1940, publicado en forma de libro en 2001), se reduce cuantitativamente el motivo de la muerte. En varios poemas, la fe en Dios «resuelve y llena el vacío de Strauss creado por la pérdida» (Bátorová, 2006, p. 57).

Un rasgo dominante en la obra poética de Pavol Strauss es su compasión misericordiosa por los que sufren, los que están en peligro y los moribundos. Es comprensivo con los numerosos problemas que rodean al hombre. La esfera humana le resulta extraordinariamente cercana e íntima. Y así es en su trato con las personas en el marco de su posición social y su profesión: Pavol Strauss trabajó toda su vida como médico (cirujano).

En 1947 y 1948 Pavol Strauss aún consiguió publicar tres pequeños libros (*Všetko je rovnako blízke i ďaleké*, 1947; *Mozaika nádeje*, 1948; *Stĺpy*, 1948), pero con un extraordinario contenido de pensamiento. Con el ascenso del poder comunista en febrero de 1948, la publicación oficial de gran parte de su obra se pospuso hasta cuatro décadas[2], durante las cuales trabajó intensamente sin posibilidad de publicación. La primera colección inédita de poemas en prosa en lengua eslovaca, publicada en Ružomberok en 1948 con el título de *Stĺpy* (Pilares), está muy influida por la poética expresionista y es la que ofrecemos ahora al lector hispanohablante. Es también la primera vez que se traduce este libro a otro idioma. Me alegro que sea al español, que es la cuarta lengua más hablada del mundo.

La poesía de Strauss quiere eticidad y espiritualidad. No moraliza ni es religiosamente tendenciosa. Celebra la singularidad de cada persona y, en el espíritu del Evangelio, proclama la necesidad de una fe vivida y de un cristianismo vivido, porque la verdadera fe es más que convención. Por tanto, podemos

---

[2] Durante un breve periodo de apertura política en la década de 1960, publicó algunos libros, pero tras el inicio de la normalización después de la Primavera de Praga no pudo de nuevo publicar oficialmente.

estar de acuerdo con Teofil Klas en que Pavol Strauss se siente y es sobre todo un poeta, alguien que parece haberse preocupado especialmente por ello. De ello se deduce tamb¡én su relación existencial consigo mismo, con Dios y con el hombre. El poeta es un creador, como el Creador (ambos *poiétés* en griego). Para él, la poesía es algo existencial, que afirma los límites del día, pero al mismo tiempo los humaniza creativamente (Klas In Strauss, 2012, p. 17).

PILARES
(Poemas en prosa)
Pavol Strauss

Pilares del corazón

PAVOL STRAUSS

STĹPY

BÁSNE V PRÓZE

RUŽOMBEROK 1948
NÁKLADOM KA V BISKUPSTVE SPIŠSKOM

Cubierta del poemario Stĺpy (Pilares) en su edición original de 1948

El corazón late y calla en el mundo, indefenso como una campana en un campanario. Levantado sobre los hombros de los pilares el corazón canta a Dios. Leyes, conocidas y desconocidas, lo atan y lo sostienen. ¿Dónde estás, vergüenza de lo Invisible?

El corazón es más ancho que el mundo, que no es más que un pilar para él. Su voz suena a través de otro espacio. Y Dios es el tiempo en que suena.

Soledad

Pavol Strauss en Venecia en 1969 (uno de los pocos viajes que pudo realizar antes de que el régimen comunista iniciase, tras la Primavera de Praga, un período conocido como "normalización")

La soledad no es una separación, sino una morada creativa del alma. Donde lo oscuro es aún más claro. Y el alboroto acecha a la soledad en su retiro.

La agitación ensucia la Eternidad; la soledad se rinde a la omnipotencia divina.

La soledad no puede poseerse, ni compartirse, ni dividirse. Es, quizá, una ceguera ardiente o una bendición dolorosa.

La hoja cae lentamente ante el asombro del durmiente.

Y la soledad se posa pura en el cándido cáliz de las flores del silencio. Soñar con que una gota de rocío cae sobre el corazón del poeta, que late en el seno de Dios.

La Palabra

VERSE

Paul Strauss

DIE KANONE AUF DEM EI

Cubierta del primer poemario de Pavol Strauss *Die Kanone auf dem Ei*, escrito y publicado en alemán

Al posarse una mariposa sobre la hierba, sabe que es un pensamiento y un rayo de tierra.

Cuando saboreamos la palabra con la lengua del oído, sentimos que hasta el amor de Dios debió posarse alguna vez en el corazón humano.

Árbol

Pavol Strauss en París (Jardines de Luxemburgo) en 1968

Si detenerse es detenerse, también pararía el músculo retorcido de la razón. Tu voluntad, llena de ramas, es una buena fuerza, tus sienes caídas denotan madurez.

¿Sólo ante montañas desnudas puede alzarse la audacia? Incluso en hermanos más mansos sueña el desafío de la montaña.

Oh, vosotros, cuatro inolvidables castaños del jardín del abuelo, bajo los cuales siempre fue casi palpable lo invisible, y vosotros, otros recuerdos del pasado, que sois la verdadera medida del tiempo imaginado, seguid sosteniendo el cielo.

Porque si os rendís, los dedos verdes del fuego del silencio se apagarán para siempre.

Montaña

Pavol Strauss con amigos (a su derecha el también poeta Milan Rúfus)

La impotencia mostrada de la tierra, ¿en ti se apoya el codo más afilado del corazón? Tu cabellera ilumina la muerte. ¿Debemos esperar aquí para siempre un mordisco del más allá? La mandíbula sólo la mandíbula triturará.

El pasado furioso se ha enfriado en ti, como si no quisiera olvidarse de sí mismo.

Tú, valiente presencia que piso, ¡qué bien sabes sonreír al alma que se lamenta sin remedio de la belleza posible y no nacida! Oh, puerta del sol, te alabamos, pues alabamos todas las puertas del sol.

Muerte

Placa de mármol en la tumba de Pavol Strauss en Nitra, contiene su propia citación "La muerte no afecta al espacio-tiempo"

¿Qué es una puerta sino una entrada?

Y cuando una vez el corazón pensante con su último latido golpee la puerta a lo Desconocido, ¿en qué acogida se abre?

A través de la vida flota el hombre, un iceberg a través del mar, la mayoría no se ve, pocos destacan. ¿Se invierte la proporción después de la muerte? ¿No será entonces evidente sólo lo esencial de nosotros? Y lo que se ha agotado en vida por ser evidente quedará enterrado por el momento.

¿La muerte madura o nosotros sólo maduramos para ella? La muerte ¿es un núcleo amargo en nosotros, o somos nosotros el núcleo de su seno?

No lo sabemos, lo suponemos, esperamos. Pero...

Tal vez ella no sea más que el movimiento de las pestañas, pues mientras ellas duermen un sueño se convierte en otro.

Lluvia

Pavol Strauss en uniforme durante el servicio militar (1938-1939)

Si, en un mundo musicalizado, no sólo el viento tocara una canción sibilante, sino que el alma se hiciera sonar como un arpa hecha de agua, pese a la pena de que el espacio sagrado hubiera sido profanado por la razón asesina, bien se estaría.

Si los espantosos monstruos de las tinieblas no se parecieran a las ráfagas de la muerte, a la última danza de los átomos, sino a los fantasmas encantados de la infancia, bien se estaría.

Si los dedales de la lluvia volvieran a navegar por un mundo cerrado, empequeñecido por el amor, no por el diablo veloz; si sus golpes celestiales validaran la infancia y la maduración de los frutos, o sea la genuflexión del verano, bien se estaría de nuevo.

¡Tú, reflejo sonoro de la vida, enséñanos a abrazar las distancias!

Pajarito

Pavol Strauss tocando el piano

Cuando teje su red de canto sin medida, revolotea por ella
hasta el cielo.

Cuando los pájaros, notas en los cables del telégrafo, se
posan, resuena también el corazón.

Domingo

Pavol Strauss tras recibir título de Doctor Honoris Causa por la Universidad de Košice en 1992

La rama no cortada de la Eternidad.

Las hojas azules del cielo murmuran suavemente: Sanctus.

Niñez

Pavol Strauss de niño con su madre Vilma Straussová (1914)

Sobre cuatro patas de ensueño:
el rostro de una mosca un domingo por la tarde junto a la cuna;
el torso de un hombre vendado, antes de cada enfermedad
asomando del horno sobre la estufa de barro;
los cantos y las trenzas de la criada Susanita;
la protección de las manos de la madre.

Música

Pavol Strauss en casa

Una hermosa enfermedad del alma, una catarata de generosidad. Fluye y refluye en el mismo lugar. Empieza donde ya no se oye.

Nace de la nada y se convierte en todo. ¿Qué sería del mundo sin la música?

El poderoso apoyo del amor de Dios, la más bella expresión de gratitud de los ángeles. ¿Qué es el aliento?

Por encima de los valles muertos de la podredumbre verdosa está la espera, el sustituto de la música. ¿La creación sin ella? Gibosa. Una giba que no se ve, sólo una contorsión más pesada.

¿Qué es un suspiro?

Un sueño de horribles vueltas y una premonición espantosa: ¿morir?

¿Qué es la montaña sino música? Y Rilke hizo que la muerte cantara en su interior.

Sólo después de ella el Dedo de Dios limpiará la montaña de hojas crujientes, corazones marchitos y lágrimas.
Lo que siempre florece es música.

La mañana

Un premio literario eslovaco lleva el nombre de Pavol Strauss: en la foto la ceremonia de entrega de 2010

Cuando el hombre no es más que una oreja, y el sol un tambor, y sobre él la tierra acentúa su importancia.

Cuando todo está recto y liso y las vacas pastan, y pelamos las castañas medio maduras, no sólo es temprano: es la verdadera mañana.

Vela

Pavol Strauss en 1959

¡Tú, Verano orgulloso! ¡Verano enhiesto! Lo sé, tu secreto está estampado en ella.

Eres hermosa. Los secretos son tu brisa. La frente pálida y joven de una monja en contemplación.

Tú estás viva. Porque en ti vive el zumbido de todas las abejas y su esfuerzo milenario sagrado.

En ti duermen el sol y la lluvia y la flor veraniega, princesa maldita.

Cuando la pequeña llama abre tu alma, entonces, sólo entonces, susurra devota y ligeramente sobre el polvo de nuestra vida, la plenitud del verano, la dura vida, el morir de Jesucristo.

Silencio

Pavol Strauss con la pintora Mária Medvecká

El corazón, el puente sobre el abismo de la vida y de la muerte. Hecho del silencio del metal.

Un poema es su marco. La música es su esplendor.

El mundo, sumido en el silencio, una joya apagada en un anillo.

Él reina en todas partes. Es anterior a Dios. Y donde aparentemente está ausente, sólo contempla su molde con asombro.

El mar agitado siempre vuelve a su estado original. Incluso el mar del silencio. Y aunque sea desterrado del resto del mundo y de las entrañas de la tierra, siempre suscitará en el corazón recto las más inconfundibles arras de misericordia.

Poema

Zimná nálada

Padaj, padaj, páper maličký,
[...] *[...]* krás.

Ošedivel *[...]* i kvet.
Nezostáva nič z nás.

Padaj, padaj vtáča belavé,
strielka jasných dní.
Nezostáva z *[...]* nič.
[...] iba pár piesní.

Creación de un poema: bloc de notas de Pavol Strauss

Surge cuando la gran helada de la vida condensa diminutos cristales de nieve.

Escalera

Pavol Strauss con su esposa y sus dos hijos: Navidad de 1961

Va bien. – El peldaño hiere al peldaño, aunque se quieren.

Va bien. – La altura se arrodilla ante la altura, porque tiene fe.

Va bien. – El dolor se supera en el dolor, porque posee la esperanza.

Va bien. – El amor quema el amor. Es el habla de la Eternidad.

Poeta

Pavol Strauss

La última garantía de pureza; la certeza misma.

¿Y no son las manos implorantes del poeta una pregunta de preguntas? Porque sólo él quiere, porque debe, empezar siempre por el principio de los principios.

Todo le pesa siempre. Porque todo es significativo. No sabe lo que es desbrozar. Lo valora todo. Incluso las malas hierbas son sagradas para él. Y la humildad es siempre su medida.

El mundo lleva una pincelada de sus otros deseos. Y el corazón más fuerte, pues quita la pena muda del mundo con el sufrimiento de Dios.

El poeta es un hombre desesperado. Con la mayor reserva de esperanza. Llama directamente a la puerta de Dios.

Arco iris

Pavol Strauss y su esposa Mária el día de su boda

La puerta de la posibilidad a una revelación más bella. La esperanza que ilumina la certeza de la inmortalidad posible. Se inclina paternalmente sobre el corazón renovado que vaga de rodillas en la oración hacia el vientre vivo del Misterio.

Un modelo de realidad intangible, un sueño colorido. Dedos burlando inquisitivamente la arena. Es bueno estar en él.

Viento

La familia de los Munk que tuvo mucha influencia en Pavol Strauss, especialmente en su conversión al catolicismo. Todos murieron en el campo de concentración. Siervos de Dios, Tomáš Munk y su padre František Munk, son candidatos a la beatificación

La estela cósmica de las airadas estrellas, sus banderas invisibles. ¿Son mudas? Incomprensibles. ¿Quiénes son? ¿Sus furiosos puños, o sus fragantes cantos?

¡Son silenciosas y furiosas por igual!

¿Y son los ecos de los suspiros, metidos en el fondo de los corazones y las negaciones? Nada está perdido. Todo está aquí para quedarse. Todo cuenta al final.

Madera

Los padres de Pavol Strauss

¿Puede algo no vivir? Todo está cargado de sentido. Sólo nuestro ser más imperfecto nos protege de la embestida de la vida de las cosas.

Pero incluso una montaña domesticada es salvaje. Y tanto si te abraza fraternalmente como si te canta con fuego, siempre puedes oír desde lejos el susurro de los viejos bosques, el paso de un corzo o el barrido nocturno del ala de un gran búho.

Animal

Pavol Strauss

La dolorosa desolación del espacio. Y el anhelo de ruptura.

¿No estallará la placa blanquecina del tiempo con el salto de la gacela? ¿La helada ansiosa no la matará? ¿No herirá el cuchillo del vuelo de los pájaros la frágil capa del atardecer? Un niño lloraría, como sobre una herida falsa.

La firma viva de la bestia es muy necesaria aquí, en el aire casi innecesario de los corazones y los mediodías. La vida quiere vida. Y la bestia, anclada incluso en una conciencia inferior, a menudo nos parece como si por otra parte poseyera los oídos más abiertos de lo que nosotros los poseemos.

Por eso nos asombramos tanto cuando intuimos en el espejo doble el vuelo de un ángel o de un espíritu travieso, en la tristeza misteriosa, en el ámbar del ojo de un perro, en el guiño de un pájaro sobre el hilo de un mundo vecino.

Noche

Pavol Strauss

Todo lo grande es redondo. Incluso la paz. La felicidad cuelga de una estrella.

El mundo en un clavo brillante.

Sólo de vez en cuando centellea un murciélago, signo de exclamación de pacífica felicidad, o una estrella negra que cae a lo lejos, más allá de todos los campos de ejecución.

Y todo se acurruca sobre sí mismo:
¡Oh, qué hermoso podría ser!

Y el sentido de las noches, un profundo suspiro: ¡Oh, qué hermoso podría ser!

Ojos

Casa de los Strauss en Liptovský Mikuláš en la que nació el poeta

El mundo está lleno. Sólo cuando hay corazones conmovidos.

Y vosotros, archivos de almas desbordadas, no podéis ser borrosos. Vosotros, dobles vías hacia el corazón, no debéis desparramaros. Vosotros, entradas al refugio de Dios, no debéis ser obstruidos.

Vosotros, aberturas al buzón del alma, sed más brillantes o más nublos. Porque siempre sois un sello caro o barato, grande o avariento de la Eternidad, pero siempre un sello vivo.

Nieve

Pavol Strauss (a la derecha) en Roma en 1969

Incluso desde un solo tallo el cielo aguantará. Una sonrisa salvará el alma.

Pero cuando, en lugar de las plumas arrancadas de los ángeles, aparece una diminuta sonrisa de escarcha, la blanca mensajera de la eterna primavera de la Realidad, hasta un espasmo de susto se eleva al júbilo de los corazones aún infantiles.

Vosotros, moscas blancas del sueño más hermoso, llevad a cada hombre las nuevas de la alegría de la alegría. Y todo eso no es más que un sudario.

Y una vez se quitará.

Manos

Pavol y Mária Strauss

Ramos escasos de vida. Otras ráfagas acunan. Vientos del alma. Son ritmo y rebeldía a la vez.

Si la abeja es su blasón zumbante, forman y sueñan los cimientos del mundo. Pero si se empapan en lágrimas y sangre, cruje el eje del vivir. Pero si tejen guirnaldas de oraciones, construyen la vida.

Ancha tendrá que ser la respiración del Invisible. Sólo así podrá soportar el estrecho espacio de la vida.

Roca

Pavol y Mária Strauss

Y el gran poeta dijo: El trabajo es a menudo sólo la pereza del alma.

¿Y la vida es sólo un cambio de lugar? Y el temporal y la alusión del crecimiento.

Dios dijo: Soy.
¿Hay un desempeño mayor que éste?

Hay otros tiempos que estos. Hay otras hablas que cuchichear. Hay otro movimiento que los pasos. Hay otra canción que el habla.

La roca es una palabra como ninguna, respira en silencio, bebe soledad, y vive como la Voluntad de Dios: dura, eterna y amable.

Herida

El médico Pavol Strauss en 1948

¿Qué debe hacer una persona con la primera firma de la muerte?

La muerte en cada hombre tiene sus estaciones. Y uno no sabe cuál será el año de su muerte. ¿Pasarán de repente la fresca primavera y el lluvioso verano? ¿O si en el largo y hermoso calor del verano madurarán buenas y abundantes las uvas del otoño? Y difícil es definir el momento adecuado.

Pero es bueno que el corazón esté en alerta: las uvas de la muerte aún no están maduras. Pero no hay felicidad por encima de la certeza de que un día todo sanará. Y el fruto. Y el sentimiento.

Y la pena. Y la muerte.

Cuadro

Pavol Strauss con sus nietas

Sólo cuando estés solo y pobre comprenderás la riqueza de Dios. Y el mundo estará terriblemente lleno si te vacías.

Y que no haya canción por encima del silencio. Y que todo sea un milagro.

El cuadro, oración del ojo. Y el gran grito del mudo. Y una gran, gran alegría.

Obras

Až odbijú hodiny hladu.

Až odzvoní mrakou ticho.

Až zkrepem kajdá nádej,

vyskoší tla,

netušená,

zeleným úsvitom

zdravia,

jak prúčik mandlovníku.

Creación de un poema: bloc de notas de Pavol Strauss

Mecido por el ropaje sobrenatural, sueñas incluso en la vigilia. Eres puro. Ser puro, he aquí el sueño de la vida.

Tú, campo, no arado por las pasiones: Dios es sólo un sol amable para ti.

¡Tú eres! Los ancianos pasamos. Y cuando por un momento nos contagias con la ligereza de tu corazón, respiramos el cielo.

Santo

Pavol Strauss

¡Tú, cegado por el sol de la Justicia! ¿Acaso es posible arder con una locura más sublime? ¿Puede el espíritu de la Pobreza ligarse por el lazo de una Oscuridad más brillante?

Tú, ¡Grande! Ya no te puedes dividir. Una unidad acabada en el álgebra de Dios.

Porque el Rostro de la Eternidad cuenta contigo, superarás todos los presupuestos menores. ¡Es una hazaña difícil significar algo fuera del mundo!

El Santo está solo. Sólo tiene a Dios enfrente. El amor es su límite.

Y nada en él cambia. Y no hay desorden en él. Es el primer despliegue visible de la Permanencia Celestial.

Madre

Vilma Straussová, madre de Pavol Strauss

¿Acaso no tiene todo un apoyo? ¿No quiere todo un principio?
¿No sabe todo sollozar? ¿No da siempre la muerte un sello?

Y, sin embargo, siempre hay un pecho fiel. Incluso el corazón
puede regocijarse. Se puede confiar en el alma. Merece la pena
celebrar la vida. Porque las madres siempre, siempre estarán.

Trabajo

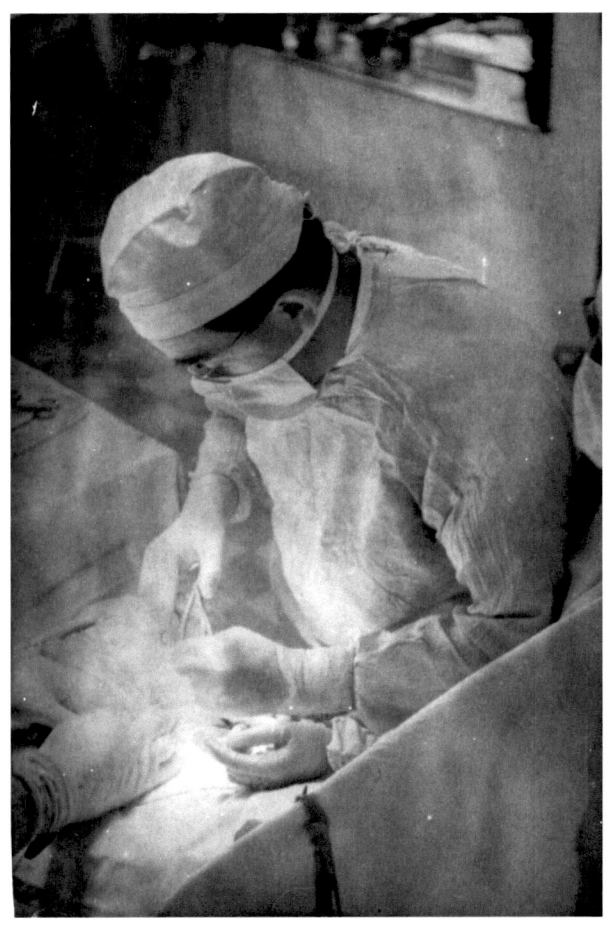

Pavol Strauss en el quirófano

¿Crear para vivir? ¿Vivir para crear? ¿Por qué corregir a Dios? Nada se pierde. Todo crece. Y se da donde se toma. Porque todo no es más que la plenitud del cielo.

El hombre es hombre. Sólo en Dios. Y la obra, la conexión y el milagro.

El corazón, un pájaro en la mano de Dios. Y el batir de alas, el desafío y la virtud, sólo es la entrada en la voluntad de Dios, en la casa de su voluntad eterna. No siempre sabiéndolo a ciencia cierta, si no es por la puerta de atrás.

Oración

Tvorivou vôľou,
na ostrí smrti.
Nik ti ťa nevtisne,
v bojovej púšti,
trpený trpiaci,
na váhi žitia,
menej jak ~~posel~~ posledný
koprofág.

Creación de un poema: bloc de notas de Pavol Strauss

La vida es la tumba más bella de la Eternidad. ¿Cómo la dispongo? Y el Juicio es la bóveda de esta tumba. Y el corazón suena terriblemente.

La dispondré como sé: en la angustia, en el esfuerzo, en la esperanza. Sostendré el corazón. Tal vez resista. Con la oración dura y apasionada. Con la oración vadeo a través de la sabiduría, la fealdad y la belleza del mundo.

Porque ya sé una cosa: la Eternidad empieza hoy.

EPÍLOGO: PAVOL STRAUSS, SIERVO DE DIOS
Tibor Žilka

Pavol Strauss, doctor en Medicina, nació el 30 de agosto de 1912 en Liptovský Svätý Mikuláš, una ciudad en el norte de Eslovaquia. Tras finalizar sus estudios secundarios en 1931, Strauss se matriculó en la Facultad de Medicina de la Universidad de Viena, donde cursó dos semestres. De allí se cambió a la Universidad Alemana de Praga, donde obtuvo el título de médico en 1937. Como hablaba el alemán al mismo nivel de su lengua materna, sus dos primeros poemarios, *Die Kanone auf dem Ei* (1936) y *Schwarze Verse* (1937), se publicaron en ese idioma. El título del primer poemario evoca la poesía surrealista. Y no es casualidad. En aquella época, el surrealismo se desarrolaba en el entorno checo (entre sus representantes destacados habría que nombrar a Vítězslav Nezval). En sus conversaciones personales, Strauss solia mencionar a Nezval, y podía hasta contar historias interesantes sobre él. En varias ocasiones me dijo que Nezval, antes de ir a crear, solía ir a una pastelería y consumir una gran cantidad de pasteles, porque el azúcar ayuda a aumentar la actividad cerebral. Francamente, la veracidad de esta afirmación podría quedar demostrada por las fotos, porque el poeta checo tenía un sobrepeso considerable.

Strauss nunca negó sus raíces y orígenes judíos, aunque se convirtió en un católico profundamente creyente. De hecho, ese niño judío no tenía ni cinco años cuando empezó a ir a la iglesia católica con su institutriz. Pero tuvo que pasar mucho tiempo antes de que se convirtiera. Se convirtió a la fe católica a los treinta años.

Sus textos literarios tienen tres fuentes: la música, la literatura y la medicina. Fue un verdadero siervo de Dios, especialmente en medicina; se diferenciaba de muchos otros médicos. También sus obras literarias se basan a menudo en experiencias adquiridas en la práctica diaria. Durante el día curaba, pero siempre encontraba tiempo después del trabajo para procesar sus experiencias de forma literaria.

A través de la medicina se abrían espacios para trazar la filosofía de la vida y la muerte, la transición de un estado a otro. Pero los pasajes más interesantes son los que tratan de los médicos-artistas. Él también se consideraba un médico escritor. Tal vez como médico, se convirtió en un autor constantemente preocupado por la cuestión de la muerte. Imagina la vida de un médico como un ministerio, y la base del ministerio es el amor al prójimo. También en esto hay un principio cristiano, incluso el más elevado. Al analizar los deberes del cirujano, no olvida recordar la esperanza, el amor y la fe. Incluso la muerte, o más bien la proximidad de la muerte, la describe en muchas variaciones y permutaciones.

Se adentra en los secretos de la medicina y analiza, desde el punto de vista de sí mismo, la obra y la vida de escritores que proceden de entre los médicos. Fueron muchos, pues la medicina y sus representantes son los más capaces de acercarse al alma humana, los más capaces de penetrar en el interior del hombre. El sentido cristiano de la vida se manifiesta también en la actitud de Strauss hacia sus pacientes: es siempre amable, humano, comprensivo. Incluso en el humor. Incluso cuando se trata de la muerte, o de su proximidad, logra orientar para aceptar este estado con natural calma, incluso con humor — discreto, bondadoso, tranquilizador. Pavol Strauss era también una personalidad de la medicina que parecía regida «desde arriba» por las leyes de Dios. También en medicina era un verdadero servidor de Dios. Ayudaba sin exigir reconocimiento ni consideración; ayudaba a curar el cuerpo y el alma.

A lo largo de sus 82 años de vida, trató y curó a muchos pacientes y dejó preciosos libros que tienen su propia dimensión filosófica. Lo que escribió perdura en la literatura eslovaca. Prueba de ello son los esfuerzos, editoriales u otros, por volver a poner su obra a disposición del público lector.

Los textos literarios de Pavel Strauss son un testimonio sobre sí mismo o sobre otros, a menudo médicos. Estos relatos suelen desembocar en una lección, un remate, donde se manifiesta la fe de Strauss e incluso su testimonio de gratitud al Creador. Cabe recordar que, hasta ahora, los conocedores de la obra de Strauss se han centrado a menudo en los aforismos en sus obras y su función. Mária Bátorová dedica un capítulo entero a esta cuestión en su monografía *Paradoxy Pavla Straussa* (2006). Hay que añadir, sin embargo, que los relatos anecdóticos animan la obra de Strauss, introducen una pequeña historia dentro de la estructura del texto y desde este punto de vista tienen una enorme función. Sobre todo porque, tras largos pasajes de reflexión, son portadores de épica y ficcionalizan, dinamizan el texto, es decir, convierten lo estático en acción. Prueba de ello es el relato de su rescate, de la increíble actitud humana del oficial alemán, que parece estar cumpliendo la voluntad de Dios.

Circulaban historias sobre él en Nitra, pero también en

otros lugares de Eslovaquia, acerca de cómo estuvo frente a un pelotón de fusilamiento, cómo Dios salvó milagrosamente su vida y cómo posteriormente se convirtió en un verdadero católico y sobre su conversión. No es cierto. Se convirtió dos años antes, en 1942. Y la salvación no llegó hasta dos años después, en 1944.

Aunque Paul Strauss era judío de origen, fue rescatado por un oficial alemán, que lo liberó, lo que le permitió refugiarse en el hospital de Ružomberok, donde tenía conocidos.

El propio Strauss describe su rescate de la siguiente manera: «Ya habíamos recibido el entrenamiento para prepararnos a la muerte. Sólo unos días antes, una jauría de bandidos, hombres borrachos y bestiales, nos habían capturado a mí y a dos oficiales que conocía, e iban a fusilarnos... Habían pasado cuatro días en la nueva prisión. Algunos escaparon... Al quinto día, nos llevaron a la estación. Nos dejaron en el pueblo más cercano. Era un día lluvioso de noviembre. La noche cayó rápidamente. El jefe, un joven Oberfeldwebel, nos llevó al juzgado. Allí llamaron a todos los que tenían nombres alemanes sospechosos. Después resultó que los habían fusilado enseguida en el patio de la prisión. Me pareció raro que a mí no me llamaran. Recuerdo claramente que me sentía lleno de paz, casi de alegría, y de una serenidad inexplicable. Y algo más me llamó la atención. El jefe de escolta me llamó por mi nombre varias veces y vino corriendo y caminó a mi lado. Me sentí muy incómodo. Le dije que no se preocupara, que no me escaparía, que casi no tenía a nadie que me llorara, y que tal vez él tenía familia, y que yo no querría entonces incomodarle huyendo. De repente detuvo al grupo. Corrió hacia mí y me susurró: `Sr. Doctor, esto no es para usted. Vamos a un campo de prisioneros de guerra, no a Bratislava para ser interrogado. Tengo ciento cincuenta y un hombres en mi escolta. Pero sólo tengo que entregar ciento cincuenta. Es más peligroso para usted que para los demás. Si tiene conocidos por aquí, le soltaré' - 'Gracias, si quiere, hay un hospital cerca, tengo conocidos allí.' Me llevó al hospital, me abrazó y se fue. Estaba en libertad. Era el diez de noviembre. El día de San Andrés Avellino, el santo patrón y protector contra la muerte súbita, el sacerdote que murió ante el altar al comienzo de una oración cuando decía: 'Introibo ad altare Dei' (*Človek pre nikoho,* 2000, pp. 109-110).

El 10 de noviembre de 1944 fue como si volviera a nacer. Además, San Andrés Avellino seguía siendo su modelo; sus opiniones parecían haber penetrado en su interior. Era un santo que no se enorgullecía de un modo de vida ascético, sino de soportar pacientemente inconvenientes de diversa índole, en reconocimiento de sus defectos y con afán por la salvación de sus semejantes. San Andrés (1521-1608) pasó gran parte de su tiempo visitando a los enfermos y moribundos, siempre dispuesto y preparado para ayudarles. Siempre se acercaba a ellos con gran amor. Estas cualidades caracterizaban también a Pavol Strauss. Siempre tenía la puerta abierta para recibir visitas, y todos encontraban consuelo en él. Recuerdo cómo ayudó de buena gana cuando el mayor poeta eslovaco, Milan Rúfus, tuvo un accidente de coche, o en los últimos años de la vida de la pintora Mária Medvecká, cuando esta se moría de cáncer. Siempre encontraba una palabra adecuada, aunque su ayuda nunca se basaba en la compasión. A menudo decía: «La lástima humilla».

El oficial alemán, al cual la ideología fascista obligaba odiar a los judíos, no sólo rescató al doctor Strauss, sino que lo abrazó y luego se marchó. Este rescate lo vive ya como católico. Explica que uno de los argumentos básicos de su conversión es que los judíos siguen esperando a su Mesías, pero los cristianos hemos aceptado a Jesucristo como nuestro Mesías. Tenemos un modelo que nos guía en nuestro viaje por la vida. Ha expresado

esta opinión muchas veces en encuentros personales y entre-vistas. Sus sabios pensamientos, sus astutas observaciones y su peculiar humor eran la fuente de su carismática personalidad. Era amable y cordial con todo el mundo, dotado de una chispa de humor. También creaba aforismos en la conversación misma. Y al mismo tiempo, no renegaba del médico que llevaba dentro. Incluso como médico jubilado, trabajaba en patología, donde le visité un día y al preguntarle cómo estaba, dijo «Muy bien, los pacientes más disciplinados están aquí»
.

Describe su rescate sucintamente, sin pretensiones de heroísmo. Otro autor podría haber escrito una novela sobre ello, quizá unas memorias, pero en cualquier caso lo habría tratado con mucho detalle. El texto de Strauss tiende hacia el relato corto, pero con una connotación religiosa, el remate seguido de lo que en teoría del género se denomina un apéndice, un epimito. El apéndice es instructivo, testimonia la intervención de Dios en el destino del hombre. De hecho, este momento determinó todos los años posteriores de la vida del converso: influyó para siempre en su pensamiento, su trabajo médico y sus actitudes posteriores. También es una prueba de que un con-verso suele experimentar la fe adquirida más profundamente que muchos cristianos que no han pasado por tantas pruebas en la vida. La conversión y martirio de Edith Stein (1891-1942) así lo atestigua, al igual que la profunda fe de los mártires eslovacos Tomáš y František, Gisela y Juraj Munk, que murieron heroicamente como católicos bautizados. La familia Munk fue en última instancia un modelo para Strauss, cuyo renacimiento tuvo lugar principalmente bajo su influencia, en su compañía. Los mencionaba a menudo, los conservaba a todos en su memoria. Pero pasó por pruebas difíciles para ayudar a sus seres queridos, y también a los pacientes en el quirófano y para consolar a los moribundos.

Sus penurias continuaron también después del golpe de Estado comunista en febrero de 1948. Toda su vida fue un forastero, lo que expresó en sus reflexiones biográficas de la siguiente manera: «Mientras bajo el Estado eslovaco durante la guerra yo era un judeo-bolchevique, después de la guerra me enteré por los escritos de la policía secreta que era un bandido clerofascista» (*Život pre nikoho*, 2000, p. 137). Sin embargo, conocemos muchas anécdotas sobre él.

Una historia que pude escuchar de un antiguo colega suyo. El doctor Bohdan Hollý fue colaborador de Pavol Strauss en Skalica. Según él, tras regresar de una estancia de estudios en

Suiza, Strauss utilizó nuevos métodos y se convirtió en un médico con cualidades excepcionales. Una vez llevaron al hospital a un vidriero con un brazo cortado por debajo del codo y todos los médicos querían amputárselo. El doctor Strauss les convenció de que había que intentar salvar el brazo. Se pusieron manos a la obra y salvaron el brazo. El doctor Bohdan Hollý, incluso a su avanzada edad, lo consideraba casi un milagro, a pesar de haber sido durante años director del Instituto de Oncología de Bratislava y haber visto de todo. Esta historia me la contó el propio Bohdan Hollý durante la visita que le hice.

Es una historia peculiar sobre Pavel Strauss, sobre su actitud hacia los pacientes. Sabemos que escribió mucho sobre esta actitud, y también aconsejó a otros médicos en sus textos cómo comportarse con los pacientes, qué enfoque adoptar con ellos.

Pavol Strauss extrajo muchos de los temas para sus textos y sus reflexiones del entorno médico. A menudo los relatos son anecdóticos, incluso humorísticos, y en este sentido también cumplen los requisitos del género anecdótico. Como sabemos, tenía muy buena relación con su abuelo, escribiendo sobre él más a menudo que sobre su padre, por ejemplo. Quizá la más entrañable sea esta anécdota sobre él y su amigo, el doctor Bell, con quien se sentaba a menudo a charlar con una botella de vino: «Lo amigos que eran él y Bell se hizo evidente cuando el abuelo enfermó gravemente a principios de 1923. Probablemente un ataque al corazón. Bella venía a casa tres o cuatro veces al día. Una vez, cuando el abuelo estaba gimiendo, le dijo: "Bercko, ¿por qué no tomas un sorbo de vino?" Y el abuelo: "Pero cuando ya casi no puedo respirar." "Por eso, para que llegues con alma alegre a Abraham" (*Rekviem za živých*, 1991, p. 48).

Es sobre todo la proximidad de la muerte que sabía aligerarla con anécdotas, eligiendo historias que arrancaran una sonrisa o al menos una mueca en el rostro del lector. A menudo escribía sobre médicos-escritores, eligiendo historias de sus vidas y convirtiéndolas en anécdotas. Prueba de ello es la descripción de la muerte de A. P. Chéjov: «Chéjov amaba sobre todo las flores y los árboles y a menudo mandaba a su mujer a pasear por el parque. Incluso el 14 de julio de 1904, cuando ella regresó de su paseo, él estaba alegre, e incluso le contó una alegre anécdota. De repente le sobrevino una grave dolencia. El médico mandó traer oxígeno. Pero Chéjov objetó con calma: `No es necesario, para cuando lo traigan ya estaré muerto'. Pidió una copa de champán y la vació a la salud de su mujer. Luego se durmió y no volvió a despertar» (*Rekviem za živých*, 1991, p. 139).

Hay que añadir que Strauss se interesaba especialmente por los médicos-artistas. A veces los nombra: Cronin, Schiller, Döblin, Douglas, Doyle, Marnon, Baroja, Kerner, Carossa, Duhamel, Munthe, Soubirau. Y en la literatura (cultura) eslovaca: Zechenter-Laskomerský, Jégé, Škarvan, Stodola, Žarnov, Králik, Papp, Stacho, Hudec. A ellos pertenece sin duda también el escritor eslovaco contemporáneo Viliam Klimáček.

Sentía cierta similitud con ellos, de ahí que en la mayoría de las historias y anécdotas, incluidas en sus textos, figuren ellos y los compositores. Hay que añadir que estas partes de su obra son unas de las más interesantes, son el condimento de sus extraordinarias obras de arte. Y muy a menudo en ellas se revela como un creyente que afronta la muerte como un buen cristiano.

A lo largo de su vida, trató y curó a muchos pacientes que entraron en contacto con él, recordándole con cariño. Al igual que San Andrés Avellino, manifestó su fe cristiana con obras y hechos reales, para servir a su Iglesia con la palabra y el ejemplo. Pavol Strauss también escribió sus textos literarios principalmente para los creyentes, pero también para los que aún buscaban a su Mesías. Sus obras literarias también están llenas de la Palabra de Dios. También fue capaz de sanar con su carisma, su trato amable con cada uno de nosotros. Era uno de nosotros, y sin embargo diferente. Un siervo de Dios en la peregrinación de la vida.

Pavol Strauss falleció el 3 de junio de 1994 en Nitra. Murió el mismo día que uno de los representantes más importantes de la literatura del siglo XX: Franz Kafka. Pero éste murió 70 años antes. Los unía el hecho de que ambos eran de origen judío. No fue hasta el final de su vida cuando Strauss descubrió el verdadero valor artístico de las obras literarias de Kafka, las leyó con mucha intensidad e interpretó su esencia y significado a su manera. Se centró principalmente en la literatura austriaca y alemana. R. M. Rilke fue su mayor modelo, pero en la ficción propiamente dicha se inspiró sobre todo en los prosistas austriacos (R. Musil, H. Broch, K. Kraus). Las novelas de H. Broch fueron las que más le inspiraron. La lectura de las obras de Broch no siempre resulta fácil, pero Milan Kundera lo considera uno de los más grandes prosistas de Europa Central.

Desde el punto de vista literario, además de su producción poética, el ensayismo de Strauss alcanza cotas a las que no ha ascendido ningún autor de la literatura eslovaca. Y todos los autores mencionados son austriacos, forman parte de la literatura austríaca. Pero los primeros poemarios de Strauss fueron considerados por muchos como pioneros porque se clasifican como obras surrealistas, es decir, marcan el inicio de este movimiento artístico en la literatura alemana. Así pues, las obras poéticas y ensayísticas de Pavol Strauss figuran entre las obras maestras de la literatura centroeuropea en su género. Para concluir, cabe añadir una cosa: aparte de las dos primeras colecciones, su obra está impregnada de fe católica.

3.6.94

Smrť neoplyvní vesmírny čas.

V TEJTO BUDOVE PRACOVAL
CHIRURG, SPISOVATEĽ A HUMANISTA
MUDr. PAVOL STRAUSS

1912 - 1994

Placa conmemorativa de Pavol Strauss en la fachada de la Facultad de Letras de la Universidad de Constantino el filósofo de Nitra (República Eslovaca)

Este libro se terminó de imprimir el 5 de enero de 2025,
festividad de san Juan N. Neumann